LIDERAZGO
Y
EMPRENDURISMO

LIDERAZGO
Y
EMPRENDURISMO

Serie: Cultura y Empresa
Latinoamericana

Un breve ensayo sobre identidad cultural, la empresa
y la construcción del liderazgo en Latinoamérica
1era Parte

Marcelo Tedesco

Para pedidos de copias adicionales de este libro, por favor contacte con:
Palibrio
1663 Liberty Drive
Suite 200
Bloomington, IN 47403
Llamadas desde los EE.UU. 877.407.5847
Llamadas internacionales +1.812.671.9757
Fax: +1.812.355.1576
ventas@palibrio.com
407910

ÍNDICE

Introducción 9

El liderazgo paternalista 13

La educación y el liderazgo 18

   Conductismo y constructivismo 24

   El emprendedor conductista vs el constructivista 27

El factor cultural 30

   La cultura: definición y descripción 30

   Valores culturales claves 34

   Dimensiones culturales 35

La cultura y el liderazgo 38

Hacia una sociedad de líderes emprendedores y
transformadores 46

Bibliografía 51

2da Parte
Entorno Estratégico Empresarial
Breve ensayo sobre la permeabilidad de la visión estratégica en las organizaciones latinoamericanas.

3era Parte
Competitividad Empresarial
Breve ensayo sobre la cultura y la baja competitividad empresarial en Latinoamérica. Hacia el desarrollo de una cultura de alta eficacia y eficiencia.

Introducción

Liderazgo y emprendurismo son dos temas que, si bien pueden abordarse por separado, toman una dimensión mucho más completa al analizarlos en conjunto, ya que todo emprendedor, desde el más *humilde* hasta los empresarios reconocidos ejercen el liderazgo.

El solo acto de emprender implica que alguien será influenciado; que alguien –uno, pocos o muchos– seguirá una idea: la idea del emprendedor.

Precisamente el *Diccionario de ciencias de la conducta* define el liderazgo como *"cualidades de personalidad y capacidad que favorecen a la guía y el control de otros individuos"*[1].

Por consiguiente, emprender tiene esa suma de responsabilidades que abarca el compromiso con nosotros mismos y con los demás, no sólo en el tiempo presente sino más allá de lo que hoy alcanzamos a visualizar.

---

[1]   Wolman, B. B. (1984). *Diccionario de ciencias de la conducta*, Ciudad de México.

En palabras del reconocido consultor de innovación y emprendurismo latinoamericano, Eduardo Kastika, *"en realidad, lo que importa en el mundo de los negocios son las grandes ideas, los grandes caminos que el emprendedor va gestando; la estela que* [él mismo] *deja, su huella, su marca* [en la historia]" [2].

A lo largo de los años de mi carrera creo haber comprendido que para entender la dinámica del comportamiento de las personas en solitario y en grupo hay que remitirnos a la cultura, la cual se desarrolla y se transfiere principalmente en las instituciones educativas, tales como el hogar, las iglesias, las escuelas, así como a la forma en la que estas instituciones enseñan a los niños.

A partir de ello entenderemos que tanto la manera en la que lideramos como los patrones de conducta al emprender nuevos proyectos heredan su expresión cultural en consecuencia de la educación que recibimos.

Es por aquellas experiencias que he vivido en diferentes continentes, por observación de la realidad que se manifiesta en nuestro entorno, por la literatura que durante siglos se ha escrito para intentar explicar el comportamiento humano y, de más está decirlo, por las experiencias de las personas que han influenciado en mí: mis mentores, es por todo ello que he decidido abordar este ensayo poniendo especial atención en la cultura que compartimos particularmente en Latinoamérica; pues, realizar un análisis del tema basado únicamente en lo que se puede aprender tal vez en un MBA[3] sobre el liderazgo y

---

[2]   Kastika, E. (2007). *Creatividad para emprendedores.* Buenos Aires, Innovar.

[3]   *Master in Business Administration,* es un título de formación de posgrado cuyo contenido está orientado al manejo ejecutivo de los negocios. Frecuentemente los egresados de las universidades latinoamericanas

el emprendurismo sería, creo yo, sólo retórica del *management*, lo que tornaría incompleto este escrito, y hasta posiblemente inservible para los objetivos que busca: aportar algunas ideas que nos permitan ser capaces de visualizar el cambio al que debemos dirigirnos y que por muchos años se nos ha escapado.

toman esta clase de instrucción para complementar su formación universitaria.

EL LIDERAZGO
PATERNALISTA

Hemos dicho ya en la introducción que el liderazgo se puede resumir como la capacidad de una persona para influenciar en los demás. Esta capacidad está regida generalmente por modelos de comportamiento que forman o deforman la conducta de las personas sobre las que se tiene influencia.

No se puede objetar demasiado esta definición porque aplica al liderazgo en general, y en la mayoría de los estilos de liderazgo **el propósito** es mantener control sobre la conducta de los individuos.

De manera instintiva en el ser humano, los recién nacidos tienden a buscar el control de las situaciones más primitivas para evitar el hambre, el frío, el calor excesivo; para calmar el dolor o apaciguar el miedo. Esto lo logran a través de un mecanismo de control bien conocido por los padres: el llanto.

Dicho mecanismo tiene tanta influencia sobre las emociones de los padres (o al menos en la mayoría de nosotros) que termina modificando nuestra conducta en aras de mantener a nuestros hijos satisfechos, nuestra conciencia paterna tranquila y los nervios un poco más relajados.

En efecto, los niños indefensos, entre los cero y los cinco años –tal vez hasta unos años más, dependiendo de los padres– lideran nuestra conducta. Por supuesto que esta satisfacción de necesidades termina por desarrollar en los niños esa sensación de protección que sólo los padres son capaces de dar, mientras que nosotros, como padres, nos sentimos orgullosos de cumplir con nuestra parte. Cuando cada cual comprende sendas funciones, entonces tomamos conciencia del *paternalismo*.

Con todo, existen padres que alcanzan cierta madurez y terminan por encontrar la diferencia entre *paternalismo* y *paternidad*. Esta última es una condición cuyo principal objetivo es la protección de los hijos, su crianza, desarrollo y, fundamentalmente, la búsqueda de su independencia.

En contraparte, el paternalismo es un modelo conductual, un sistema de relaciones sociales, sostenido por un conjunto de valores, políticas y normas fundadas en una valoración concebida positiva por parte de quien ejerce la autoridad: *"el paternalismo tiene como destino el propio padre: los hijos existen para que el padre pueda ejercer el oficio de tal, y deben conformarse, por tanto, a su modo de ser, y quedar sojuzgados por él."*[4]

Dicho con claridad, es una modalidad del autoritarismo en la que una persona ejerce el poder sobre otra, combinando decisiones arbitrarias e inapelables con elementos sentimentales y concesivos.

---

[4]   Cifuentes, C. (2004). *Humildad y liderazgo: ¿Necesita el empresario ser humilde?*, Naucalpan, Ediciones Ruz.

En países como los nuestros, donde más del noventa por ciento de las empresas[5] –chicas, medianas, grandes, incluso transnacionales– son familiares[6], el modelo que mejor se domina es justamente el paternalista.

Ahora bien, si la mayoría de los seres humanos respondemos casi igual a los mismos estímulos, ¿por qué no repetir el modelo que aprendimos desde los seis años?

---

[5] "Existen varios estudios encaminados a determinar la proporción de empresas familiares que existen con relación al total de empresas. En la mayoría de dichos estudios, la proporción se aproxima al 90%. Sin embargo, es necesario tomar en cuenta que tal porcentaje está determinado en función de lo que se entienda por empresa familiar". Véase: Belausteguigoitia, Imanol. "Luz y sombras en las empresas familiares", en: *Boletín Electrónico del Instituto Tecnológico Autónomo de México.* 1 de junio de 2005. <http://boletin.itam.mx/detalleArticulo. php?id_articulo=101> [último acceso: 20 de marzo de 2011].

[6] Es importante distinguir los conceptos de empresa PyME y de empresa familiar; si bien se puede esperar que una PyME sea una empresa familiar, también es posible que la PyME esté compuesta por diferentes socios no relacionados por sangre; esto es, una "Sociedad Económica". La percepción común es que las empresas familiares son pequeñas entidades económicas, con tecnología obsoleta, recursos financieros escasos y sistemas administrativos incipientes; sin embargo, empresas como Ford, Wall-Mart, Cargill, Mac Graw-Hill, Grupo Alfa, Televisa, TV Azteca, Grupo Cifra, FEMSA, Protexa, Grupo Autrey Grupo Bimbo, Grupo Carso, Arcor, Mastellone Hnos., entre muchas otras grandes empresas son organizaciones de tipo familiar.
No existe un consenso exacto acerca de cuáles deberían ser las condiciones para que una empresa sea denominada familiar; no obstante, las más aceptadas se centran en la *propiedad*, el *compromiso gerencial* de la familia propietaria, y en la *sucesión generacional*. Véase: Betancourt, G. (2006) *¿Son iguales todas las empresas familiares?*, *Caminos por recorrer*, Bogotá, Norma, pp. 23-26.

Para empezar, porque los colaboradores de una empresa no son nuestros hijos. Y no digo que, en este caso, reconocer como hijos a quienes no lo son sea una patología, pero por lo menos es una deformación de la realidad.

De igual forma, porque el paternalismo, después de que una persona ha madurado lo suficiente para tomar sus propias decisiones, se vuelve estorboso; es decir, los límites excesivos, las reglas que coartan el desarrollo, la imposición de una cultura del esfuerzo y no del resultado[7], el control desmedido sobre las actividades, entre otros vicios paternos, maximizan sus efectos negativos en las empresas.

Incluso, ciertos efectos negativos se ven incrementados porque, en general, en un modelo familiar moderno habrá tal vez tres o cuatro hijos, mientras que en las empresas generalmente se superará con creces este número.

Máxime porque en culturas como la nuestra los padres tendemos a influenciar, incluso a decidir la carrera profesional de nuestros hijos. Esto en la empresa se traduce a que el líder paternalista intenta controlar el futuro profesional de sus colaboradores.

Aunado a lo anterior encontramos la figura del *padre benevolente* que, con el argumento de velar por el bien de sus hijos, los premia o los castiga según su conducta; de ese modo logra mantener el control sobre aquellos; pero, transportado al ámbito empresarial, dicha actitud provoca que la motivación interna de los colaboradores quede dañada y sujeta a estímulos externos.

---

[7] Para más información sobre la cultura del esfuerzo y el resultado puede leer, de mi propia autoría, el artículo *'La cultura del esfuerzo"*, en: *El Universal*, Ciudad de México. 18 de marzo de 2009. <http://blogs. eluniversal.com.mx/weblogs_detalle7232.html>.

Podría enlistar otras diez razones que demuestran lo negativo de comportarnos como padres de nuestros colaboradores; sin embargo, creo que lo trágico está en la consecuencia más evidente: las decisiones de la organización entera terminan recayendo en una sola persona, o sea, en el jefe –generalmente el dueño de la idea del negocio, o el director general–, lo que representa el principal obstáculo para el crecimiento de las empresas y las sociedades.

Al coartar el poder de decisión, la creatividad, la innovación y la capacidad para ejercer un liderazgo positivo en el resto de los integrantes de la empresa, los colaboradores se acostumbran a no hacer más que las tareas básicas, dejando todas las decisiones –incluso las más elementales– en manos de unos pocos, en el mejor de los casos, o en el común denominador, en las del *patriarca*.

Tal vez el modelo pueda ser sustentable a mediano plazo; seguramente muchas empresas han funcionado así durante muchos años –simplemente porque es un modelo que se acomoda a nuestra cultura–. Empero, el hecho de que se acomode a nuestra cultura y funcione por un tiempo, no implica que nos sirva como sociedad. No si aspiramos a ser una sociedad con altos índices de desarrollo humano, de desarrollo social y con bajos índices de pobreza.

LA EDUCACIÓN
Y EL LIDERAZGO

Durante nuestra niñez y adolescencia adquirimos una gran cantidad de información de nuestro entorno, de nuestras familias, de la escuela, de nuestros amigos y también de las instituciones religiosas, deportivas o sociales a las que pertenezcamos.

Toda esa acumulación de conocimientos adquiridos por imitación y repetición[8] construyen lo que yo llamo *software social*[9],

---

[8]   De acuerdo con Piaget (1966) el aprendizaje no se produce sólo por acumulación de conocimiento, sino que existen mecanismos internos de *asimilación* y *acomodación*. Para la *asimilación* se establecen relaciones entre los conocimientos adquiridos anteriormente y los nuevos; mientras que la *acomodación* es la reestructuración del propio conocimiento para internalizar. Este modelo muestra la profundidad del aprendizaje cultural adquirido.

[9]   Con el concepto *software social* que introduzco en este ensayo, me refiero a los patrones de comportamiento que se nos inculcan desde niños, en analogía con el software computacional que se refiere a la acumulación de líneas de código escritas por un programador, con un fin específico:

---

el cual nos dominará durante el transcurso de toda nuestra vida adulta y generalmente será éste el que nos impedirá ver que los malos resultados surgen debido a la incapacidad de hacer las cosas de manera diferente, ya que para nuestro inconsciente formado *posiblemente la responsabilidad será de alguien más.*

La falta de visión, la falta de planeación y la terquedad de querer hacer las cosas de una sola manera: la manera del patriarca empresarial, impresa en nuestro *software social,* son justamente razones por las cuales entre el setenta y el ochenta por ciento de las empresas fracasan a los dos años de haber surgido, y que el ochenta por ciento de las que logran sobrevivir no llegarán al quinto año de vida[10].

Un ejemplo del daño que la autocracia paternalista puede causar en una organización lo encontramos en el caso que sucedió con *Coca-Cola* a mediados de los años ochenta.

---

realizar la función para la cual fue desarrollado y que se ejecute de la misma manera cada vez que se utiliza. De igual forma existen factores en nuestro entorno –la educación, los medios de comunicación entre otros– que van "escribiendo" en nuestro inconsciente un guión para funcionar dentro del entramado social, lo que da como resultado que cada vez que demos una respuesta lo hagamos de acuerdo con esta programación. Cuando nuestra respuesta, por cualquier circunstancia, es diferente a la que se espera, entonces se compone una discrepancia entre el individuo y su entorno social. Geert Hofstede, su hijo Geert Jan Hofstede y Michael Minkov utilizan un concepto similar llamado *software de la mente,* en el libro homónimo *Cultures and Organizations: Software of the Mind",* McGraw-Hill, 1997. Para profundizar en el concepto recomiendo leer el primer capítulo "The Rule of Social Games".

[10] Datos obtenidos del SEBRAE de Brasil, del Centro de Atención a la Pequeña y Mediana Empresa (CAPYME) en Paraguay, y del Instituto Nacional de Estadística y Geografía (INEGI) de México.

La compañía se propuso renovar el sabor de su famoso refresco. Así, la *New Coke* fue lanzada en el mercado estadounidense en medio de una enorme campaña de publicidad. Dicha decisión fue tomada por un pequeño grupo de personas, a pesar de que la mayoría estuvo en desacuerdo.[11]

Muchos lo desconocen, pero esto terminó en uno de los peores desastres de mercadotecnia de la historia y en la pérdida de millones de dólares para la empresa. Los consumidores rechazaron masivamente la nueva fórmula, y finalmente, en medio del catastrófico derrumbe en las ventas, la compañía dio marcha atrás y relanzó la vieja fórmula bajo el nombre de *Coca-Cola Classic.*

Sin duda, durante los primeros meses de vida de una empresa es lógico, normal, que sea el emprendedor quien tome decisiones, y debe ser así porque, de lo contrario, puede perderse el rumbo de la *idea original* que dio lugar al emprendimiento; también porque la mayoría de los colaboradores en los primeros meses de vida de la organización seguramente serán empleados temporales que están ahí para aprender.

Al respecto, Ichak Adizes apunta: *"Es normal y deseable que durante la Infancia la organización esté liderada por un individuo personalista, el fundador, que trabaja siete días a la semana, quince horas al día"*[12].

El mismo autor comenta que lo que puede ser normal durante una etapa de la organización, puede volverse anormal y

---

[11]   Para mayor información sobre esta *anécdota* empresarial y otras sobre la repercusión de ignorar las opiniones diferentes o no levantar la mano cuando existe un desacuerdo, puede leer *Encouraging Dissent in Decision-Making*, Emmons, G, Harvard Business Review, Boston, 2007.

[12]   Adizes, I. (1994). *Ciclos de vida de la organización*, Madrid, Díaz de Santos.

catastrófico en la siguiente etapa: *"lo que es un comportamiento funcional en una etapa del Ciclo de Vida, con frecuencia, se convierte en disfuncional en la otra. Los problemas normales pueden degenerar en anormales y, más adelante, en patologías"*[13].

Del mismo modo sucede en el ciclo de vida de cualquier ser humano, cuando conservamos actitudes propias de nuestra infancia y adolescencia en la etapa adulta es porque éstas se han vuelto patológicas y más difíciles de erradicar.

Justamente en Latinoamérica, como mencionábamos, el liderazgo tiende, de manera muy marcada, hacia el paternalismo autoritario, poniendo en evidencia que tras los más de 200 años de historia común como países independientes aún nos encontramos en la infancia empresarial.

No obstante, esta forma de emprender y liderar tiene razones mucho más profundas, como lo apuntaba al inicio, pues viene desde el modelo de educación que forma nuestra cultura.

Durante muchos años, el modelo de educación por excelencia empleado en las escuelas y en distintos ámbitos de la vida social era aquel que se basaba en teorías *conductistas*[14]; y no fue sino hacia finales de los años sesenta del siglo pasado que dicha práctica comenzó a cambiar pasando a un modelo de educación

---

[13] Ídem.

[14] "La raíz principal es el condicionamiento en cualquiera de sus modalidades: clásico o respondiente (pavloviano) y operante (skinneriano). En el pavloviano la base del condicionamiento es la asociación temporoespacial de los estímulos condicionados e incondicionados (que precede al primero y lo controla), mientras que en el skinneriano lo fundamental es el refuerzo posterior a la respuesta, lo que condiciona su fijación y reiteración". Véase: Vallejo Ruiloba, J. (2006) *Introducción a la psicología y la psiquiatría*, Barcelona, Elsevier

constructivista[15], el cual se extendió primero en Europa, luego pasó de este lado del Atlántico: a los Estados Unidos y también a Canadá; algunos países de Sudamérica siguieron el ejemplo, y por supuesto llegó también a los países asiáticos –los cuales, en conjunto, tienen los niveles de educación más altos del planeta[16]–.

A pesar de ello, en gran parte de nuestra región las cosas siguieron como a inicios del siglo pasado, sin cambios sustanciales. Incluso en fechas recientes se introdujeron los planes de estudios *por competencias*[17], cuya efectividad no podrá

---

[15] "El constructivismo propone que es la persona quien activamente construye el conocimiento del mundo exterior, y así, pues, la realidad puede interpretarse de diferentes formas. La idea del conocimiento verdadero se desvanece pasando a ser prioritaria la idea del significado personal, apuntalando todos los desarrollos constructivistas.

Según Juan Balbi (1997): «Por definición, los constructivistas no sienten que tengan las respuestas 'verdaderas', 'finales' o necesariamente los 'mejores acercamientos' a las cuestiones perpetuas de la experiencia humana y de su cambio evolutivo»." Véase: Millán, M. A. y Serrano S. (2002). *Psicología y familia*, Madrid, Cáritas.

[16] Véase el Índice de Desarrollo Educativo del IDH (Índice de Desarrollo Humano) elaborado por el PNUD (Programa de las Naciones Unidas para el Desarrollo).

[17] 'Según Tobón (2006), la formación por competencias se asienta en los siguientes principios: Respuesta a los requerimientos del entorno social y empresarial; enfoque hacia la actuación de determinados contextos; respuesta a los grandes retos de la humanidad; gestión del conocimiento; eje de aprendizaje; flexibilidad del diseño curricular; autorreflexión como eje del proceso de aprendizaje; estrategias para procesar y manejar información como elemento central". Véase: Mastache, A. (2007), *Formar personas competentes: Desarrollo de competencias tecnológicas psicosociales. Pag. 96*, Buenos Aires, Noveduc. Tobón, S. (2006). *Competencias, calidad y educación superior*, Bogotá, Alma Mater.

---

alcanzarse por completo si en el fondo el modelo de enseñanza sigue siendo el mismo.

Poco tiene que ver con que la escuela sea pública; la mayoría de los colegios privados mantiene el mismo modelo y, hasta ahora, no ha tenido innovaciones. Contadas son las escuelas que ofrecen algo diferente pero, por supuesto, el costo no permite el acceso fácilmente.

Tampoco es un asunto de clases sociales. Generalmente los niños que asisten a escuelas con modelos innovadores pertenecen a familias de ingresos medios, pero con un nivel cultural alto. Por el contrario, hay familias con mayores ingresos económicos que prefieren una educación conservadora, e incluso, cometen el error de mandar a sus hijos a los mismos colegios a los que ellos asistieron sólo por tradición.

Hay que mencionar también que muchas familias *aspiracionistas* prefieren las primeras sólo porque les dijeron que es *la moda* en Europa.

Conductismo y constructivismo

Conductismo	Constructivismo

Desde la perspectiva de la enseñanza

El núcleo central de la enseñanza se encuentra en el concepto de *asociacionismo*[18].

Se basa en la repetición de patrones que llevan a la modificación de la conducta.

El diseño curricular está organizado por contenidos secuenciales, de tal forma que la conducta del sujeto se modifica de manera automática. El estudiante sólo tiene que concentrarse en su meta.

Tiene como base fundamental permitir la interacción del nivel de desarrollo del estudiante en el análisis del aprendizaje, de tal forma que el alumno que aprende es capaz de interpretar múltiples aspectos de su entorno con los cuales podrá enfrentar las diferentes situaciones de la vida.

Cada persona es capaz de construir su propia perspectiva del aprendizaje, tomando en cuenta las diferentes experiencias a partir de las cuales está desarrollando sus esquemas mentales.

Desde la perspectiva de metas y objetivos

Su principal objetivo es controlar las conductas de los sujetos y transmitir las pautas culturales para propiciar la reproducción de patrones.

Procura que los reforzadores sean positivos para lograr que el estudiante ejecute, de manera automática, la respuesta deseada en cuanto se presente el estímulo.

Su propósito es que el aprendizaje sea significativo; es decir, que el estudiante integre nuevos conocimientos a partir de aquello que ya conoce y es de su interés

Busca formar un alumno crítico e independiente, que sea capaz de tener una autonomía propia, tanto en el aspecto moral como en el intelectual.

---

[18] *asociacionismo:* Doctrina psicológica que explica todos los fenómenos psíquicos por las leyes de la asociación de las ideas. Real Academia Española. *Diccionario de la lengua española* [en línea], <http://www.rae.es> [5 de junio de 2011]

Desde la perspectiva del alumno-maestro

El alumno es considerado pasivo en su participación; es un simple receptor de información que se limita a esperar las indicaciones del profesor y a llevar a cabo las tareas propuestas por este último

El profesor es el poseedor del conocimiento total; decide de manera absoluta el contenido de la clase y otorga al alumno sólo la parte que merece.

El alumno es considerado activo, autónomo, que construye, modifica, cuestiona y coordina sus propios esquemas de conocimiento y aprendizaje.

El profesor es un guía en el proceso, busca orientar y facilitar los contenidos y el ambiente que requiere el alumno.

Juntos escogen lo que van a hacer cada día de clase.

Desde la perspectiva de la evaluación

Se evalúa en función de los objetivos alcanzados.

Se imparten reforzamientos (premio/castigo) por las conductas adquiridas.

El interés está en el estudio y evaluación de los procesos cognitivos y los cambios socio-afectivos del alumno.

Se evalúa considerando diferentes niveles de aprendizaje: el memorístico, el analítico, el reflexivo, el cognitivo, el afectivo, etc.[19]

La educación conductista encierra al educando en una burbuja que no le permite hacer frente a la realidad ni a los retos profesionales que enfrentará en el futuro[20].

---

[19] Adaptado de Cuellar, A. (2003). *ABC del Constructivismo: Aportes y Desafíos,* Bogotá, Tiempos de Leer.

[20] Este breve análisis del modelo educativo en la región no pretende ser una crítica detractora al modelo conductista. Este modelo sigue teniendo puntos válidos y es funcional en diversas situaciones, sobre todo cuando se necesita tener resultados a corto plazo; por ejemplo, en proyectos de muy corta duración donde los miembros del equipo están educados bajo este modelo, donde el proceso de cambio resulta inviable e incluso atenta en contra de los objetivos del proyecto mismo, donde, por consiguiente, lo factible sería aplicar premios y castigos a

La raíz está en que al alumno no se le enseña a razonar ni a sacar sus propias conclusiones sobre diversos temas, sino que se le introducen conocimientos y se lo *obliga* a memorizar y a aceptar que lo que se le está enseñando es lo correcto, aunque a veces no lo sea. El miedo a que el educando razone surge ante la posibilidad de perder el control del alumno o de un grupo completo, sobre todo si el profesor no es capaz de mantener él mismo la mente abierta.

En casa no es muy diferente; lo que se ha aprendido es lo que se transmite, y la enseñanza conductista es la más sencilla, pues sólo basta decirles a los hijos lo que tienen que hacer para que lo hagan –porque *"así es"*, porque *"es mi casa, son mis reglas"* o porque *"es la tradición familiar"*–. Es así como muchos años después los niños ya convertidos en hombres emprendedores, de negocios, incluso colaboradores de alguna empresa, traen una estructura de pensamiento que poco favorece a la construcción del razonamiento libre, dando como resultado lo que hablábamos al principio: líderes paternalistas autoritarios, centrados en decirle al colaborador lo que debe hacer y cómo lo debe hacer en vez de permitirle desarrollar sus propias ideas.

cambio de resultados. De igual forma, en organizaciones aferradas al liderazgo paternalista será necesario alternar los modelos en un proceso de gestión del cambio hasta lograr la adaptación al nuevo modelo con orientación al largo plazo.

El emprendedor conductista vs el constructivista

Conductista	Constructivista
El director considera a las personas que trabajan en su organización como simples empleados; él es el benefactor que les da empleo, y sólo lo que él cree que ellos merecen.	Los empleados son colaboradores, parte de un objetivo común y de una visión compartida que emana del director. Saben ambos que no es posible el desarrollo de la organización sin la aportación mutua.
El director de la empresa tiene el control del grupo y determina lo que deben hacer los colaboradores. Impone.	El director de la empresa es una guía. Dialoga con los colaboradores cercanos y toman en conjunto las decisiones.
El director es el dueño de la verdad y el único en posición de tomar decisiones correctas	El director se beneficia, crece y aprende aprovechando el conocimiento de los colaboradores.
El director es rígido en sus ideas y avanza de forma lineal de acuerdo con lo que él cree que funciona.	El director trabaja con una planeación general que ha sido consensuada; es flexible ante los cambios y es capaz de escuchar nuevas ideas.
Se establecen métricas y objetivos rígidos en beneficio sólo del director y del incremento de sus ganancias o del crecimiento del negocio.	Se definen métricas y objetivos claros siempre en beneficio de todos los integrantes de la organización y de la sociedad a la que pertenece.
La evaluación es general, basada en la conducta que el director espera recibir de sus colaboradores.	Se evalúa de acuerdo con el cumplimiento de metas y objetivos que derivan en beneficio del desarrollo de toda la organización y del colaborador mismo.

El director castiga a quien no se conduce como él espera, y premia a aquellos que siguen el patrón esperado.	El director guía a sus colaboradores para que comprendan, asocien e internalicen que existen conductas que no son propicias para el desarrollo de la organización, ni para el desarrollo propio del colaborador ni el de la sociedad.

El reto no es sencillo; sin embargo, sí es posible pasar de un modelo conductista a un modelo constructivista en las organizaciones, que permita a los colaboradores –y a uno mismo– empezar a razonar las decisiones, a reflexionar sobre cada acción que se toma, sobre las raíces de los problemas y, a la vez, aprender de estos.

Los modelos orientados a la construcción del pensamiento invitan a las personas a cuestionar todo; algo difícil en nuestra cultura donde se evita a toda costa el conflicto, sobre todo el conflicto interno. Aunque, es precisamente a través del razonamiento, del enfrentamiento a los conflictos, y de su resolución, que las personas, las organizaciones y los países se desarrollan. Así como los padres, al conocer una escuela que implementa modelos constructivistas de educación, confunden la libertad de razonar con indisciplina, también lo hacen los líderes y emprendedores con sus grupos.

Por el contrario, la libertad de pensamiento y la libertad de cuestionar implican una férrea disciplina mental para ordenar ideas y establecer patrones neuronales que faciliten los caminos para encontrar soluciones a diferentes problemas. Incluso diferentes soluciones a un mismo problema.

Como emprendedores, si queremos empezar a obtener resultados diferentes, es nuestra responsabilidad cambiar esos patrones de pensamiento, facilitando el razonamiento, el intercambio de ideas y la innovación en el seno de nuestras organizaciones (y de nuestras familias), tengan uno, dos, diez, cincuenta o dos mil colaboradores. Esa es la invitación que dejo tanto a quienes hoy lideran sus propias organizaciones, como a los que lideran un grupo pequeño de personas dentro de una empresa, y también a aquellos que hoy no tienen esa responsabilidad, pero que tarde o temprano se les pondrá en frente.

EL FACTOR CULTURAL

La cultura: definición y descripción

Cuando pensamos en cultura lo primero que nos viene a la mente son palabras como: tradiciones, música, comida, historia, fiestas, vestimenta, héroes, mitos, leyendas, entre otras. Sin embargo, esta es apenas la parte visible y más superficial de cualquier cultura.

En realidad, estas manifestaciones tienen su origen en raíces mucho más profundas, relacionadas directamente con nuestros valores y principios, los cuales se van transformando conforme a la suma constante y periódica de eventos que vivimos como individuos y como grupo. Asimismo, esos valores y principios cambian debido al condicionamiento de nuestro comportamiento en el seno de las instituciones de la sociedad, tales como: las iglesias, los órganos gubernamentales, los medios de comunicación, la propia familia y, por supuesto, la escuela.

El científico social Geert Hofstede[21] sostiene que la cultura es un conjunto de programas mentales compartidos que

---

[21] Hofstede, G. (1980). *Culture's consequence: International differences in work related values,* Beverly Hills, CA, Sage Publications.

condiciona la respuesta de los individuos ante su entorno. Este conjunto de programas mentales –al que él llama *software de la mente*– se basa en la acumulación de normas y acuerdos profundamente arraigados en cada uno de nosotros que regulan el comportamiento de la sociedad[22].

Dicho software es el que condiciona nuestros actos bajo la premisa de que *así se ha hecho durante décadas* o tal vez *desde siempre*, impidiéndonos buscar perspectivas diferentes, sin reparar en si la conducta es meramente funcional o si se trata de un proceso retroalimentador que nos lleve a ser una comunidad en constante desarrollo –aunque, regularmente, la que ha resultado económicamente funcional a lo largo de la historia de Latinoamérica es la que ha prevalecido–.

La forma de vestirnos, de hablar, los gestos, las celebraciones, las tradiciones, incluso la forma en que ejercemos el liderazgo, son un reflejo de valores y principios mucho más profundos que hemos desarrollado en nuestra historia como cultura.

La programación mental derivada de cada persona (como se ve en la imagen a continuación) está compuesta por tres capas. Cada una de éstas caracteriza al individuo como ser humano, como miembro de una cultura y, por supuesto, como ser único a través de sus rasgos personales.

---

[22]   Cfr. Hofstede, G. (1999). *Culturas y organizaciones*. s.l. : Alianza Editorial.

Personalidad

Cultura

Naturaleza Humana

Fuente: *La Inteligencia Cultural (2007)*[23]

Naturaleza Humana: el nivel más bajo representa a las reacciones más primitivas, como la satisfacción del hambre, la alimentación de los hijos, la protección de los indefensos del grupo, la salvaguarda del territorio, entre otras actitudes que son comunes al ser humano y que nos definen como especie. Dichas características –biológicas y universales– no se aprenden ni se enseñan; son parte de nosotros mismos.

Personalidad: en el nivel cumbre de nuestra programación mental está la personalidad, que depende de nuestra herencia genética y de nuestro entorno de desarrollo individual. Es la suma de los rasgos que nos definen como individuos únicos.

Cultura: son los valores, actitudes, principios y comportamientos comunes a un grupo y que normalmente no se comparten con grupos de diferentes culturas. Estos grupos pueden ser tan

---

[23] Thomas, D. C. e Inkson, K. (2007). *La Inteligencia Cultural.* Barcelona, Paidós..

amplios como un país o tan reducido como un club – a los cuales normalmente se les denomina subcultura–.

Un ejemplo de esto son los mexicanos de todo el mundo que comparten una interpretación histórica sobre la conquista y la opresión españolas; característica que difícilmente se ve, por ejemplo, en los países sudamericanos que también poseen una historia de conquista, pero con una interpretación diferente de los hechos.

Esta interpretación cultural de la conquista española une a los mexicanos alrededor del globo y, por más que hoy en día tanto España como México mantienen buenas relaciones, es fácil identificar a un mexicano en otro continente por su forma de expresarse sobre los españoles; esto es un vínculo único que sólo rige a los mexicanos.

Algo similar sucede con los ingleses y argentinos, los escoceses e ingleses, los irlandeses del sur y del norte, los japoneses y estadounidenses, entre otros, cuya actitud crea barreras impermeables que obstaculizan el trabajo y el logro de objetivos debido a los prejuicios arrastrados por la historia cultural.

Como apunta David Thomas:

"Los miembros de un grupo aprenden su programación mental durante largos periodos de tiempo, a medida que van interactuando con el entorno. Algunos aspectos de la cultura se crean en el seno de instituciones, como las creencias religiosas, los sistemas de propiedad de la tierra, las formas de matrimonio y otros aspectos similares. Otros se transmiten de generación en generación en forma de modelos de conducta de los progenitores y consejos a los jóvenes."[24]

---

[24]   Thomas, D. C. & Inkson, K. Op. cit.

Cabe aclarar que *nación* no es igual a *cultura*. Esto es importante entenderlo ya que, sobre todo en países grandes (como la mayoría de los países latinoamericanos), las diferencias culturales entre regiones, etnias, o grupos sociales dificultan encontrar puntos de acuerdo que fomenten el desarrollo empresarial y social de una nación.

Finalmente, estos prejuicios y obstáculos que como líderes y emprendedores nos auto imponemos de manera irracional para *proteger* nuestro propio modo de ver la vida, el liderazgo y la empresa, (que nace de la interpretación de las expresiones culturales, y no de la racionalización profunda y pragmática) nos impiden ver lo que es mejor para nuestro desarrollo.

Valores culturales claves

Si bien es difícil clasificar las culturas en grupos homogéneos, sí es posible describirlas a través de características específicas que pueden compartir entre sí.

Como comentamos anteriormente, en la programación mental de los seres humanos existen propiedades que son únicas, pero también existen características que son compartidas.

En la naturaleza humana compartimos el hecho de pertenecer a la misma especie, pero también nos dividimos en dos grupos mayoritarios en lo que al género se refiere: macho y hembra; del mismo modo, en lo que atañe a propiedades compartidas genéticamente –como el color de piel, de cabello, de ojos, o la raza–, encontramos subdivisiones más amplias.

Asimismo, a nivel de la personalidad tenemos rasgos únicos desarrollados en combinación con rasgos compartidos. Podemos entonces clasificar a un grupo de personas como alegres, extrovertidas, trabajadoras y comprometidas, que son rasgos que definen a muchas personas pero que también las separan de otros grupos.

A nivel cultural podemos entonces clasificar a diferentes grupos a través de *valores culturales claves*[25]. Estos son, básicamente, creencias esenciales y compartidas sobre cómo deberían ser las cosas o, por ejemplo, sobre cómo debería ejercerse el liderazgo, cómo dirigir una empresa de acuerdo a nuestro propio contexto cultural.

La importancia de conocer estos valores compartidos, —tanto aquellos que son propicios para el desarrollo de una cultura y de sus miembros, como aquellos que no— radica en que podemos utilizar caminos y construir puentes que nos permitan alcanzar altos niveles de desarrollo profesional y personal.

Dimensiones culturales

Las dimensiones culturales son aquellas que definen los rasgos generales de cada cultura; nos sirven como guía para encuadrar aquellos aspectos culturales en los que nos centramos y así determinar pasos a seguir para movernos dentro de una determinada cultura.

Son cinco las dimensiones culturales definidas por Hofstede[26], aunque para esta parte del ensayo sólo tomaremos las que se

---

[25] Para profundizar en el tema sobre los *modelos de valores culturales claves* puede remitirse a Schwartz, S. H. (1990). Toward a universal psychological structure of human values. *Journal of Personality and Social Psychology*, 550-562. Y Schwartz, S. H. (1995). Value priorities and readiness for out-group social contact. *Journal of Personality and Social Psychology, 69*, 437-438.

[26] Hofstede, G. (1999). *Culturas y organizaciones*. s.l., Alianza Editorial. En este estudio, a cada país se le asignó una puntuación entre 1 y 100, en

consideran como las dos principales dentro de una sociedad: *individualismo/colectivismo* y *distancia de poder.*[27]

Mientras que la categoría de *individualismo/colectivismo*[28] está directamente relacionada con la dinámica de la toma de decisiones en grupo, la *distancia de poder* guarda relación con el liderazgo paternalista o autocrático.

Individualismo (IDV)

El *individualismo*, en general, se refiere al grado en que la gente espera valerse por sí misma, en contraste con las *sociedades colectivistas*, en las cuales se tiende a actuar como miembro de un grupo u organización.[29]

Al respecto, es importante no confundir el *individualismo* como egoísmo o con sociedades capitalistas, ni el *colectivismo* como

---

función de las respuestas que dieron empleados de una organización transnacional, evaluando cuatro aspectos del comportamiento compartido de los seres humanos. La quinta dimensión cultural, que tampoco es estudio particular de este ensayo, es la *orientación a largo plazo*, la cual no fue objeto de la investigación inicial sino parte de un segundo estudio hecho recientemente, en el cual no se incluye a la mayoría de los países latinoamericanos.

[27] Para mayor referencia puede consultar en línea el resultado completo del estudio realizado por Geert Hofstede: <u>www.geert-hofstede.com</u>. Una excelente herramienta de evaluación transcultural.

[28] Para profundizar sobre el tema véase Triandis, H. C. (1995). *Individualism and Collectivism (New Directions in Social Psychology)*. Boulder, Westview. Y Uichol Kim, Harry C. Triandis, Cigdem Kagitcibasi Sang-Chin Choi, Gene Yoon (1994). *Individualism and Collectivism: Theory, Method, and Applications (Cross Cultural Research and Methodology)*. Thousand Oaks: Sage Publications.

[29] Tomado y traducido del sitio < www.geert-hofstede.com>

solidaridad ni con sociedades comunistas o socialistas. Se trata simplemente de la tendencia que tienen las personas de una sociedad a esperar la aprobación del prójimo o de su grupo de aceptación.

Distancia de poder (PDI)

La *distancia de poder* es el grado en que los miembros con menos poder en las instituciones y organizaciones esperan y aceptan que el poder se distribuya desigualmente[30].

La PDI define qué tanto los miembros de una organización toleran la desigualdad de poder entre los líderes y los seguidores. Mientras más jerarquizada la organización, la desigualdad de poder suele a ser más alta.

O como apunta David Thomas, *"hasta qué punto se esperan y se toleran grandes diferencias de poder, por ejemplo entre un jefe y un subordinado o entre una persona de estatus elevado y otra con estatus inferior. Un comportamiento autocrático* [y paternalista] *por parte de un jefe se toleraría mejor en un país con una elevada distancia de poder.*[31]

Mientras que las sociedades con menor PDI consideran este aspecto como un *mal necesario* que debe tender a ser eliminado, las sociedad con PDI más alto lo creen indispensable para mantener el orden.

---

30 Ibid.
31 Thomas, D. C. & Inkson, K. Op. cit.

LA CULTURA Y EL

LIDERAZGO

Como comentábamos inicialmente, el liderazgo paternalista se gesta en casa, en la escuela, durante el periodo de formación de nuestros hijos. Con todo, no podemos dejar de observar que, más allá de los cambios que podamos hacer individualmente, es a nivel social donde se encuentra el mayor reto.

Regionalmente hemos vivido toda nuestra historia democrática y dictatorial bajo el liderazgo paternalista de quienes nos han gobernado, derivado de este proceso que se retroalimenta desde la educación, pasando por la sociedad y llegando a las esferas del poder político y empresarial.

Como comenta Mario Kupferschmidt:

"dada la particularidad [en la] *organización del Estado y la representación paternalista, en Latinoamérica se desarrolló una ciudadanía que Bustelo (1996) llama ciudadanía asistida.*

Esta ciudadanía que podríamos definir como infantil (en relación con el Estado y las fuerzas del mercado), se caracteriza por ser pasiva y delegativa. Al amparo de este tipo de sociedad, entonces, creció, más que una clase política, una casta política que se arrogó los privilegios que la misma sociedad le dio.'[32]

Manifestaciones como el liderazgo paternalista, al igual que cualquiera de las otras expresiones culturales (como los bailes típicos, héroes y leyendas), están sustentados en valores mucho más profundos que no son perceptibles a simple vista, tal como un Iceberg[33] del que sólo somos capaces de ver lo que está en la superficie, mientras que el 90% está oculto en lo profundo.

Este conjunto de valores arraigados en la historia y el tiempo de nuestra sociedad son los que condicionan el aspecto central de nuestra *programación mental* (la cultura)[34] tal como lo apuntábamos anteriormente.

Basta con echar una mirada y reflexionar sobre la lista del valor cultural *distancia de poder* (PDI) de algunos países latinoamericanos, expresada en la siguiente página.

---

[32] Blejmar, B. (2002), *Liderazgo y Desarrollo Sustentable*. Buenos Aires, Manantial.

[33] La metáfora del Iceberg fue utilizada por primera vez por Schein, E.H. en su libro *La cultura empresarial y el liderazgo*, Barcelona, Plaza y Janés, 1989 (traducción de *Organizational Culture and Leadership*, San Francisco, Jossey-Bass, 1985)

[34] El concepto *"programación mental"* y la cultura como aspecto fundamental de la misma es descrita por el científico social Geert Hofstede en su libro *Culture´s consequences: International differences in work related values*, Sage, 1980 y retomado recientemente por David Thomas y Kerr Inkson en *Inteligencia Cultural*, Paidós, 2007.

Tabla PDI por país

País	PDI
Argentina	49
Brasil	69
Chile	63
Colombia	67
Costa Rica	35
Ecuador	78
El Salvador	66
Guatemala	95
México	81
Panamá	95
Perú	64
Uruguay	61
Venezuela	81

Fuente: Adaptado de Hofstede (1980)[35]

Como podemos observar, con excepción de Argentina y Costa Rica (por sus propias historias individuales), el resto de los países latinos evaluados comparten una fuerte inclinación hacia el liderazgo paternalista como un estilo viable. Históricamente, como hace notar también Mario Kupferschmidt[36], el origen de los Estados latinoamericanos está profundamente influenciado por el modelo de *Estado de Bienestar*. Sin embargo, a diferencia

[35] Hofstede, Geert. (1980). *Cultural Dimensions* [en línea] <http://www.geert-hofstede.com/hofstede_dimensions.php> [último acceso, 11 de junio de 2011]

[36] Blejmar, B. 2002. *Liderazgo y Desarrollo Sustentable*. Buenos Aires, Manantial.

de lo que sucedió en Europa con la aplicación del modelo, en Latinoamérica terminó en una reducción significativa de la participación social adoptando el estilo paternalista de guía.

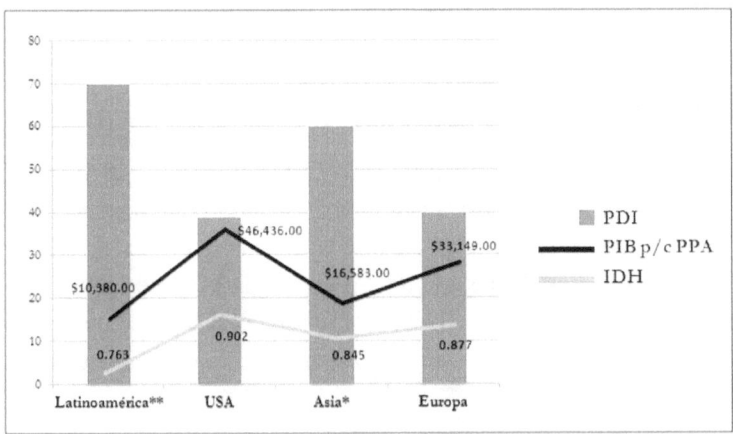

Fuente: Elaboración propia. Con datos tomados del Banco Mundial y del PNUD[37]

Aunque no es difícil ver cómo el liderazgo paternalista ha sido un factor fundamental para el bajo desarrollo humano y económico de nuestra sociedad, me di a la tarea de investigar si existía una relación directa entre el PDI y el desarrollo de los países, y encontré que, efectivamente, a mayor PDI menor desarrollo humano y económico, como se puede ver en la gráfica anterior.

---

[37] **PIB P/C (PPA):** Producto Interno Bruto Per Cápita (Paridad Poder Adquisitivo). **Fuente:** Banco Mundial. **IDH:** Índice de Desarrollo Humano. **Fuente:** (PNUD) Programa de las Naciones Unidas para el Desarrollo. **PDI:** Power Distance Index (Distancia de Poder). **Fuente:** Geert Hofsted (1980) <www.geert-hofstede.com>.

*Japón, China, Corea, HK; **Argentina, Brasil, Chile, Colombia, Costa Rica, Ecuador, El Salvador, Guatemala, México, Panamá, Paraguay, Perú, Uruguay, Venezuela.

La distancia de poder, como ya comentamos, determina qué tan tolerante es una cultura a la autoridad impuesta por la simple jerarquía. Los países comunistas, y aquellos donde aún predomina una gran población aborigen, tienden a soportar que la autoridad y las órdenes, sean impuestas por el simple hecho de que quien lo hace tiene una mejor posición jerárquica, ya sea en la familia, en la empresa o en el gobierno mismo.

Si esto es positivo o negativo, en realidad también depende del origen cultural. En el caso asiático el apego a las jerarquías es un valor asociado con el respeto, lo cual es positivo, y se convierte en un factor más de desarrollo; en el caso latinoamericano, más preponderantemente en Mesoamérica, el PDI está influenciado por el sometimiento, lo cual se transforma en un factor negativo para el desarrollo.

Con respecto a los dos países con bajo PDI, en el caso argentino, el rechazo a la distancia de poder está dado por las recientes inmigraciones europeas (menos de 100 años), por la ausencia de un mestizaje marcado, y por el ferviente rechazo a las dictaduras que marcaron el país, sobre todo en las generaciones que hoy tienen entre 45 y 60 años, que de jóvenes sufrieron en carne propia la represión de la última dictadura. Por otra parte, esa misma generación es la que en términos sociales ha marcado el cambio cultural de pasar a ser familias sumamente jerárquicas, a familias democráticas, eso ha incentivado una reducción del PDI en las generaciones que hoy tienen entre 15 y 35 años.

Para Costa Rica así lo señala Geert Hofstede[38]:

"Como pocos países de América Latina, Costa Rica, cuenta con una puntuación de 35, la puntuación más baja de esta dimensión para

---

[38] Traducido de <http://geert-hofstede.com/costa-rica.html>

la región. Para sorpresa de muchos, especialmente en América Latina, donde varios países han tenido gobiernos militares, Costa Rica abolió su ejército en 1948. Su presidente, Oscar Arias (1986-90, 2006-10), recibió el Premio Nobel de la Paz en 1987 por sus esfuerzos para poner fin a las guerras civiles en América Central. Los costarricenses, coloquialmente llamados "ticos", son famosos por su buen historial en derechos humanos. A medida que están muy centrados en la igualdad y el consenso, estableciendo una distancia menor entre los trabajadores de cuello azul y de cuello blanco" [39].

Otro caso emblemático en la región es el de México que, a diferencia de los países sudamericanos y centroamericanos, es el único país con un PDI alto que no ha tenido una dictadura militar.

La explicación y concordancia con la regla la encontramos en la existencia de un gobierno único, con una fuerte influencia paternalista y autoritaria, no benefactora, pero sí manipuladora, que gobernó a México durante 73 años. Vargas Llosa describió a este sistema de gobierno como "La Dictadura Perfecta".

"Por haber llamado 'Una dictadura Perfecta' al sistema político del PRI recibí numerosos jalones de orejas, incluido el de alguien que yo admiro mucho como Octavio Paz, pero, la verdad, sigo pensando que aquella calificación es defendible. Creado en 1929 por el general

---

[39] El término *trabajador de cuello blanco* se refiere a una persona que suele realizar trabajo gerencial o administrativo, en contraste con un *trabajador de cuello azul*, cuyo trabajo está más orientado a las tareas específicas de producción o técnicas. Cuello azul o blanco describe de forma genérica el color de la ropa clásica en las empresas de Estados Unidos a mediados del siglo pasado, mientras los gerentes usaban camisas color blanco el personal asignado a producción utilizaban overoles color azul.

Plutarco Elías Calles, el Partido Revolucionario Institucional estabilizó una sociedad donde, desde las convulsiones revolucionarias de 1910, los asuntos políticos se dirimían a balazos, y se posesionó de un Estado al que, a partir de entonces, modela y administra en su provecho, confundido con él de una manera tan sutil como las tres famosas personas en la Santísima Trinidad.''[40]

Si bien, está claro que el desarrollo de los pueblos no depende exclusivamente de este indicador, sí es una clara muestra de cómo el paternalismo, los liderazgos autocráticos y la pasividad del conjunto social han dejado su marca en el desarrollo y en la cultura.

En definitiva, el liderazgo paternalista se observa en Latinoamérica –en todos los aspectos sociales, empresariales y políticos– por el hecho profundo de que nosotros mismos, como sociedad, miembros productivos, líderes empresariales y políticos, lo permitimos, porque nos es funcional.

La historia y los números nos demuestran que la aplicación y la tolerancia de este modelo no nos han llevado muy lejos; mas está en cada individuo impulsar un cambio en este sentido que nos permita evolucionar hacia una cultura de liderazgo mucho más propicia para el desarrollo de nuestros países.

Es responsabilidad fundamental de todo emprendedor y director de empresa llevar a cabo esta tarea. Todo líder que se jacte de serlo requiere tener visión a largo plazo, y debe ser capaz de vislumbrar que nuestro modelo actual de liderazgo y emprendurismo paternalista no es sustentable en el tiempo.

---

[40]   Vargas Llosa, M. 1994. *Desafíos a la libertad.* Madrid, El País/Aguilar.

Aquellos modelos que conllevan altos réditos en el corto plazo –por su facilidad de implementación, por su bajo costo personal y económico, o incluso por su aceptabilidad– tienen una limitante fundamental: el tiempo durante el cual serán sustentables antes de que el mismo modelo pueda volverse en contra de quien lo ejerce.

Hacia una sociedad de líderes emprendedores y transformadores

Los retos que implica el cambio de paradigma de liderazgo de quienes conducen las empresas no son pocos ni sencillos; sin embargo, esto no exime a nadie de la responsabilidad que, como emprendedor, tiene implícita.

No se puede ser líder solamente por el hecho de ser el dueño de una iniciativa, o el dueño del capital, o el dueño de la idea; uno se convierte en líder cuando los demás lo reconocen como tal.

Existen muchas teorías acerca del liderazgo. En este ensayo abordamos el liderazgo paternalista y autocrático porque es el de mayor presencia en nuestra región

Este modelo transaccional que supone y propone un liderazgo basado en la recompensa y el castigo —orientado a cumplir con los objetivos y con el desempeño esperado por el líder— fue muy utilizado en todo el mundo durante décadas: desde la Revolución Industrial hasta mediados del siglo pasado, cuando la mayoría de las organizaciones funcionaba en un ambiente de *línea de producción*. El objetivo era simplemente cumplir con la cantidad de piezas fabricadas, y las personas eran consideradas un engranaje más de la maquinaria productiva.

No obstante, en la actualidad dicho modelo se ha vuelto una herramienta del director (o emprendedor) para controlar a los equipos en busca de altos rendimientos, logros y reconocimientos personales, con el fin de aumentar su *ego emprendedor*.

De ninguna manera se discute que, para mantener el orden inicial en la construcción de cualquier organización, el autoritarismo y el *respeto* jerarquizado puedan ser aplicados de forma selectiva; sin embargo, hoy en día, para sostener el crecimiento de la empresa a largo plazo es necesario mantener una relación de desarrollo conjunto con los miembros de la organización; permitir que, a través del crecimiento de los colaboradores, del fomento a la innovación, del intercambio de ideas –que dé lugar a la toma de decisiones más allá del seno de la Dirección–, la organización en su conjunto crezca también.

Son justamente valores como la honradez, la congruencia, la visión de futuro, la inspiración, la responsabilidad, la competencia, entre otros, los que hemos de considerar fundamentales para ser reconocidos como líderes legítimos.

Estos, en particular, son valores no propios de la cultura latinoamericana, pero que, en reemplazo de otros valores como el hermetismo, el paternalismo, la ambigüedad, la visión a corto plazo o el autoritarismo, y en conjunto con los valores positivos de nuestra propia cultura, como la familia, la pasión y la cordialidad, pueden ser la base hacia la transformación cultural del liderazgo (tanto de emprendedores como de miembros de las organizaciones) que permitirá el desarrollo sustentable y a largo plazo.

En efecto, se requiere un modelo de liderazgo opuesto al que la cultura nos ha enseñado, y al que nos ha sido funcional durante muchos años.

Después de todo, prefiero que el liderazgo se defina como una **Ciencia**, por las técnicas utilizadas, y como un **Arte**, por el componente humano que integra. Que sirva para **guiar** a los individuos que han puesto su **confianza** en el líder emprendedor hacia el **logro de sus objetivos, de su propio desarrollo, el de la organización y el de la sociedad** a la que pertenecen.

Este *liderazgo transformacional* opera con la idea de cambiar la motivación regular basada solamente en la recompensa para llevarla al compromiso con las metas, con las personas y con la organización.

Según James Burns, autor del libro *Leadership*:

"Los líderes transformacionales elevan los deseos de logros y autodesarrollo de los seguidores, mientras que a la vez promueven el desarrollo de grupos y organizaciones. En vez de responder al auto-interés inmediato de los seguidores como resultado del palo o la zanahoria, los líderes transformacionales despiertan en el individuo un alto conocimiento de temas claves para el grupo y la organización, mientras aumentan la confianza de los seguidores, gradualmente los mueven desde los intereses para la existencia hacia intereses para logros, crecimiento y desarrollo." [41]

---

[41]   Burns, J. M. (1979). *Leadership*, New York, Harper Torchbooks.

Un líder transformacional no centra su atención solamente en la maximización de los resultados del individuo, sino que pone atención en la responsabilidad del integrante del grupo favoreciendo su propio desarrollo personal y profesional. Como consecuencia obtendrá un aumento en el desempeño propio así como en el cumplimiento de los objetivos de la organización.

Este tipo de emprendedor o director transformacional entiende la necesidad de que sus equipos deben sentir que trabajan por algo más que el dinero; sabe que debe guiarlos al compromiso consigo mismos y con la organización para alcanzar metas de largo plazo.

En el libro *Gung Ho!*[42], Ken Blanchard relata la historia de la exitosa gerente, Peggy Sinclair, y su experiencia con una filosofía de los nativos norteamericanos.

Uno de los principios allí señalado es que las personas lograrán trabajar arduamente si su esfuerzo vale la pena, si trae aparejado resultados consistentes y transformadores, que son importantes para el mundo que los rodea, más allá de la recompensa económica.

Para esto el trabajo debe ser visto como algo importante. Debe llevar a metas comprendidas y compartidas entre el líder, o emprendedor, y los colaboradores.

Los valores y la visión del emprendedor y de la organización deben ser congruentes, tienen que orientar todos los planes, las decisiones y las situaciones.

---

[42] Blanchard, K., Bowles, S. (2004), *Gung Ho! Turn on the people in any organization,* New York, William Morrow and Company, Inc.

Por otra parte, no se espera conseguir un *líder buena onda* o *cool* que, con tal de ganarse a sus equipos, sea capaz de repartir dádivas, aumentos de sueldo y elogios injustificados. Esto también es transaccional y paternalista; pero, finalmente los colaboradores de equipos altamente productivos no requieren líderes *populares*; antes bien, buscan en sus guías otro tipo de cualidades (como las que mencioné al principio) que los ayuden a superarse a sí mismos.

Si se logra esta transformación, redundará en beneficios no sólo de un equipo, de un individuo, del gerente o del emprendedor, sino, y sobre todo, será en pro de todas las personas que formen parte de la organización.

Como concluyó aquel político y pensador, Abraham Lincoln:

"No se puede ayudar a los hombres haciendo permanentemente por ellos lo que ellos pueden y deben hacer por sí mismos."

BIBLIOGRAFÍA

1. ALEMANY GARCÍA, Macario. (2005). *El concepto y la justificación del paternalismo*. Alicante

2. BETANCOURT, Gonzalo. (2006). *¿Son iguales todas las empresas familiares? Caminos por recorrer*. Bogotá, Grupo Editorial Norma, pp. 23-26

3. BLANCHARD, Ken y Sheldon Bowles. (2004). *Gung Ho! Turn on the people in any organization*. New York, William Morrow and Company, Inc.

4. BLEJMAR, Bernardo. (2002). *Liderazgo y desarrollo sustentable*. Buenos Aires, Manantial.

5. BRINGUER, Jean Claude. (2004). *Conversaciones con Piaget*, Gedisa.

6. BURNS, James MacGregor. (1979). *Leadership*. New York, Harper Torchbooks.

7. CALERO PEREZ, Mavilo. (2008). *Constructivismo pedagógico: teorías y aplicaciones básicas.* Alfaomega Grupo Editor.

8. CIFUENTES, Carlos, (2004). *Humildad y liderazgo: ¿Necesita el empresario ser humilde?* Naucalpan, Ediciones Ruz.

9. CUELLAR, Alfonso. (2003). *ABC del constructivismo: Aportes y desafíos.* Bogotá, Tiempos de Leer.

10. GARCIA CADENA, Cirilo Humberto. (2007). *Introducción al conductismo contemporaneo.* s.l. :, Trillas.

11. HAMEL, Gary y Bill Breen. (2007). *El Futuro de la Administración.* Bogotá, Harvard Business School Press, Grupo Editorial Norma.

12. HOFSTEDE, Geert. (1999). *Culturas y organizaciones,* s.l., Alianza Editorial.

13. --------- (1999). *Culture´s consequences: International differences in work related values,* s.l., Sage.

14. KASTIKA, Eduardo. (2007). *Creatividad para emprendedores.* Buenos Aires, Innovar.

15. KIM, Uchol, et al. (1994). *Individualism and Collectivism: Theory, method, and applications.* Thousand Oaks, Sage Publications.

16. MASTACHE, Anahí. (2007). *Formar personas competentes: Desarrollo de competencias tecnológicas psicosociales.* Buenos Aires, Noveduc.

17. MARADONES, José María y N. Ursua. (1999). *Filosofía de las ciencias humanas y sociales*. Ciudad de México, Ediciones Coyoacán

18. MILLÁN, Miguel Ángel y Salvador Serrano (2002). *Psicología y familia*. Madrid, Cáritas.

19. PIAGET, Jean y Bärbel Inhleder. (1969). *The Psychology of the child*. New York, Basic Books.

20. SCHEIN, Edgar H. (1989). *La cultura empresarial y el liderazgo*, Barcelona, Plaza y Janés.

21. VARGAS LLOSA, Mario. (1994). *Desafíos a la libertad*. Madrid, El País/Aguilar.

22. SCHWARTZ, S. H. (1990). "Toward a universal psychological structure of human values", en: *Journal of Personality and Social Psychology*. n° 53, pp. 550-562.

23. --------- (1995). "Value priorities and readiness for out-group social contact", en: *Journal of Personality and Social Psychology*. n° 69, pp. 437-438.

24. SKINNER, B. Frederic. (1953). *Science and human behavior*.

25. THOMAS, David. C. y Kerr Inkson. (2007). *Inteligencia cultural*. Barcelona, Paidós.

26. TOBÓN, Sergio. (2006). *Competencias, calidad y educación superior*. Bogotá, Alma Mater.

27. TRIANDIS, Harry. C. (1995). *Individualism and collectivism: New directions in social psychology*. Boulder, Westview.

28. VALLEJO RUILOBA, Julio. (2006). *Introducción a la psicopatología y la psiquiatría.* Barcelona, Elsevier

29. WOLMAN, Benjamin B. (1999). *Diccionario de ciencias de la conducta.* Ciudad de México, Trillas.

www.ingramcontent.com/pod-product-compliance
Lightning Source LLC
Chambersburg PA
CBHW061218280526
45784CB00006B/2534